2015

中国农药发展报告

ZHONGGUO NONGYAO FAZHAN BAOGAO

农业部种植业管理司
农业部农药检定所

中国农业出版社

2015 中国农药发展报告

编委会

中国农药发展报告 2015

前言

“十二五”期间，我国农药行业在不断强化安全管理、推动转型升级、规范经营使用的基础上，为保障农业农村发展、实现粮食生产“十二连增”做出了重大贡献。特别是过去的2015年，在保障农业生产更加紧迫、环保压力更加沉重、国际挑战更加严峻的形势下，我国农药管理和工业发展再度取得一系列新进展。为了梳理2015年农药行业动态、掌握现状、把握趋势、引导行业健康发展，为我国粮食安全、农产品质量安全和生态环境安全提供保障，农业部种植业管理司、农业部农药检定所联合组织有关单位编写了《中国农药发展报告 2015》，整理、分析了2015年我国农药行业的主要发展情况。

本报告共分7章。第一章为概况，对2015年农药行业发展环境进行了分析，回顾了农药行业发展各方面的情况，并对下一步发展进行了展望。第二章为农药行业政策，从法律法规、部门规章和其他政策3个方面，梳理了2015年公布或正式实施的农药行业管理政策。第三章为农药管理工作，介绍了农药登记审批、市场监管工作以及技术标准制定方面的主要进展和成效。第四章为农药登记产品，详细分析了2015年在登记农药产品、新增登记产品情况以及主要新品种。第五章为农药工业运行，从农药产品市场、工业效益、工业投资、企业发展和技术创新5个方面，总结分析了农药工业运行情况。第六章为农药使用及推广，介绍了2015年农药使用总体情况，以及新产品、新药械、安全用药技术示范推广和专业化防治组织等方面的主要进展。第七章为农药国际贸易，从贸易总体情况、出口产品、进口产品和贸易对象4个方面分析了2015年我国农药国际贸易现状。附录部分梳理了2015年农药领域的重大事件以及国际农药管理动态。

本报告的编写得到了农业部有关领导的亲切关怀和悉心指导，并得到全国农业技术推广服务中心、中国农药工业协会等单位的大力支持和帮助。在此，对关心、支持、参与本报告编写的所有单位、领导、专家和工作人员一并表示衷心的感谢！

由于编写时间、编者水平及其他条件的限制，报告中可能存在不当之处，恳请各位读者批评指正。

编　者

2016年10月

前言

第一章　概况 1
一、行业发展环境 3
二、行业发展状况 4
三、发展趋势展望 7

第二章　农药行业政策 11
一、法律法规 13
二、部门规章及规范性文件 13
三、其他政策文件 15

第三章　农药管理工作 17
一、农药登记审批 19
二、农药市场监管 21
三、农药技术标准制定 22

第四章　农药登记产品 25
一、登记产品 27
二、新增登记产品 33
三、登记新品种 38

第五章　农药工业运行 41
一、产品市场情况 43
二、工业效益情况 44
三、工业投资情况 46
四、企业发展情况 47
五、技术创新情况 49

第六章　农药使用及推广 …… 51
一、农药使用总体情况 …… 53
二、新产品试验示范推广 …… 54
三、安全科学用药技术示范推广 …… 55
四、新型施药机械试验示范推广 …… 56
五、专业化防治组织发展情况 …… 56
六、抗药性监测治理及灭鼠工作 …… 57

第七章　农药国际贸易 …… 59
一、贸易总体情况 …… 61
二、出口产品情况 …… 61
三、进口产品情况 …… 63
四、贸易对象情况 …… 65

附录 …… 69
一、2015 年农药领域重大事件 …… 71
二、2015 年国际农药管理动态 …… 74

第一章 概况

DIYIZHANG GAIKUANG

对2015年农药行业发展环境进行了分析，回顾了农药行业发展情况，指出农药工业将以“创新、绿色、协调、开放、共享”的发展理念为引领，围绕“去产能、补短板、调结构”的主要任务，提质增效、创新发展，不断提高健康和可持续发展水平。

中国农药发展报告 2015 · 第一章　概况

一、行业发展环境

（一）经济发展保持稳定

2015年，我国经济继续保持中高速增长，经济结构不断优化，改革开放向纵深迈进。但同时，经济发展步入新常态后，面临“三期叠加”的巨大压力，各项改革举措也进入了攻坚期和深水区。面对严峻形势，中央提出了供给侧结构性改革的战略举措，大力推进“三去一降一补”。农药行业作为精细化工业的重要领域之一，同样面临着去产能、补短板、调结构的艰巨任务。同时，国企改革带动了各行业的兼并重组和资源重新配置，“一带一路”战略为国内企业走出去拓宽了国际空间，“互联网+”热潮催生出新的经济增长点，这些都为农药行业转型升级提供了更加有利的环境条件。

（二）农业结构面临调整

“十二五”期间，我国农业发展取得了显著的成就，粮食生产实现“十二连增”，重要农产品供给保持稳定，现代农业取得长足进步。但是，在承受价格“天花板”和成本“地板”双重挤压的同时，农业发展还面临着农业资源环境、国际农产品竞争等多方面的制约。围绕“提质增效转方式、稳粮增收可持续”的工作主线，农业部门积极推进农业供给侧结构性改革和种植业结构调整，更加注重农业可持续发展，提出了农药减量行动。这些变化将直接影响用药需求，促进农药使用技术水平的提升。此外，在统筹利用国际国内两个市场、两种资源，实施农业“走出去”战略的同时，也为农药出口提供了重要战略机遇。

（三）环保安全政策收紧

围绕“史上最严”的新环保法，中央出台了系列配套规章，各地也纷纷制定各种细化政策，开展环保检查和专项整治，给农药行业尤其是原药企业造成了巨大冲击，个别企业遭到处罚。同时，食品安全及农药残留问题受到社会公众的高度关注，“草莓乙草胺致癌风波”发酵形成舆情热点，农药行业发展面临的舆论压力不断加码。此外，“‘8·12’天津滨海新区爆炸事故”引发了各界对化工行业安全生产的关切，给危险化学品管理及农药生产过程的安全管理敲响了警钟。

（四）全球经济复苏乏力

从国际环境看，2015年世界经济增长低于预期，增长率比2014年有所下降。全球贸易额（以美元计价）下降了13.8%，自2009年金融危机后首次出现萎缩。国际农产品价格下跌13%，小麦、玉米、大米、大豆等农产品价格均出现了不同程度的下降，粮食、大豆、棉花等大宗农产品价格处于金融危机以来的低位。此外，美元汇率的大幅波动也给全球贸易及国际金融带来了不确定性。在全球经济低迷、大宗农产品价格走低的国际背景下，我国农药进出口贸易多年来的平稳发展态势面临严峻挑战。

二、行业发展状况

（一）行业政策回顾

2015年，修订后的《食品安全法》和《环境保护法》直接或间接地对农药管理提出了新要求，将对农药行业发展产生深远影响。农业部共公布4项农药管理相关公告，其中第2289号公告出台了对杀扑磷等3种农药的禁限用措施，其余涉及登记审批规范、试验单位管理、残留标准制定等方面。此外，农业部等6部委联合开展了全国农资打假工作，海关更新了进出口农药管理名录，财政及税务部门调整了农药产品的出口退税率，安监部门修订了危险化学品名录等，为农药行业健康发展营造了一个良好的政策环境。

（二）农药管理回顾

农药登记审批改革持续推进，年内陆续实施了集中评审、面向企业开放日等，并不断扩大公示范围、推进部省联动；更加注重安全管理，加快淘汰高毒高风险农药；推行高毒农药定点经营、实名购买、溯源管理，从源头上防控高毒农药乱卖、乱买、乱用；针对农业生产实际需要，持续推进特色小宗作物用药登记；不断强化证后监管，积极开展风险监测和登记产品再评价。围绕提高市场监管工作针对性和实效性的目标，进一步完善市场监管指定抽查制度，并针对生物农药和烟剂产品开展专项监督检查；开展农药隐性成分监管技术研究，不断提高检测能力和效率；建立全国农药执法联动平台，提高农药监管执法的总体水平。农药技术标准制修订工作更加注重现实急需，更新《食品中农药最大残留限量》国家标准，新增38项产品质量标准，并完成8项药效标准、7项环境标准和3项毒理学标准。特别是农药残留标准方面，《加快完善我国农药残留标准体系的工作方案（2015—2020）》受到国务院高度重视，李克强总理等国家领导先后批阅，为“十三五”农残标准工作明确了目标。

（三）登记产品回顾

截至2015年底，我国共有农药登记产品34 315个。杀虫剂仍然占多数，但总体结构趋于合理；传统剂型所占比例仍然较大，乳油、可湿性粉剂占比过半；产品同质化严重，阿维菌素、吡虫啉、高效氯氰菊酯、毒死蜱、辛硫磷等登记产品数量过千；登记作物以水稻为最多，其余集中在棉花、柑橘、小麦、甘蓝、苹果、黄瓜、玉米等作物上。2015年新增登记产品3 295个，基本与2014年持平；三类主要农药基本均衡，各增近千个；农药低毒化趋势明显，剂型趋于环保化，悬浮剂、水分散粒剂、水剂、水乳剂、微乳剂等剂型产品比例过半；原药产品多集中于吡唑醚菌酯、噻虫嗪、吡蚜酮、草铵膦等新型品种。2015年首次登记的新有效成分16种，其中化学农药11种、生物化学农药3种、微生物农药2种。

（四）工业运行回顾

2015年，全国农药产量374.1万吨，总体保持平稳微增；除草剂产量占据主导地位，且3类主要农药的产量均有萎缩；农药产品价格保持低位运行，总体呈下跌态势。行业总体效益有所提升，行业总资产达到2 277.54亿元，主营业务收入3 107.22亿元，利润总额225.56亿元；但企业亏损情况明显加重，亏损企业数增幅达32.1%，亏损额同比增长53.8%，亏损面同比增长2.3个百分点。行业投资继续向新产品、次新产品的开发和建设倾斜，但总体投资意愿不高，实际完成投资降低3.3%。企业发展两极分化，优质企业利润暴增与落后企业业绩下滑并存；规模不断提升，销售额超过10亿元的企业达到40家；农药产业布局更加集中，江苏、山东、河南、河北、浙江5省的农药工业产值占全国的68%以上。产品及技术创新取得突出成绩。特别是在“互联网+”新经济的带动下，农药工业发展转型升级逐步加速。

（五）使用推广回顾

据全国农业技术推广服务中心统计，2015年，全国农作物用药92.64万吨，折百计30万吨，比2014年减少1.45%；杀虫剂仍然使用最多，除草剂使用量同比增加了4.76%，基本与杀虫剂持平，且有超越的趋势；农作物用药以中低毒农药产品为主，合计比例近97%，但生物农药比例尚不足10%；水稻、小麦用药总量同比持平，玉米用药量略有增加，果树、蔬菜、棉花用药量总体持平。另外，据国家林业局统计，2015年全国林业农药使用量为3.13万吨（商品量）。2015年继续积极开展新产品及安全、高效、环保农药品种的试验示范推广，实施低毒生物农药示范推广补贴试点，在北京等17个省46个县蔬菜、水果、茶叶生产基地使用低毒化学农药、生物农药进行适当补助，鼓励农民选用低毒生物农药，保障农产品质量安全；积极开展水稻、玉米、小麦等作物解决方案示范推广，实施了芸薹素内酯“减药控害、增产提质”行动和水稻、果树万亩示范区创建活动；积极开展新型施药机械试验示范推广和技术培训，以航空喷雾、地面自走式喷雾机械为主的机械使用量有了较多的增长；专业化防治组织得到快速发展。

（六）国际贸易回顾

2015年，我国农药进出口数量和金额全线下降，进出口总量为156.7万吨，进出口总金额为79.6亿美元，贸易顺差66亿美元。出口数量150.9万吨，金额72.8亿元，分别下降了8.06%和16.87%，这是在持续增长4年以后，首次出现出口数量和金额双下降。出口产品结构不断优化，制剂已经占据出口的主要地位，稳定在百万吨左右的水平；出口产品以除草剂为主，品种齐全，草甘膦独占鳌头。进口方面，进口量5.76万吨，金额6.78亿美元，也出现双降现象。进口产品长期以制剂为主，但原药产品进口同比增长明显；进口农药产品中杀菌剂占据主导地位，品种以专利保护期内的新品种为主。我国农药出口遍及全球180多个国家和地区，亚洲、南美洲是主要目标市场，美国、巴西、泰国等20个国家占到总出口的75%；我国主要从亚洲进口农药，其次为欧洲，从北美洲进口的农药量少价高。

三、发展趋势展望

（一）农药管理展望

虽然《农药管理条例》仍在修订进程中，但修订思路和主要内容基本确定。在今后几年的时间内，农药管理工作将以新《农药管理条例》颁布实施为重点，在健全配套规章制度的基础上，探索完善农药登记、生产、经营、使用等各环节管理措施，构建一套农药全链条监管的工作机制。农药登记管理继续以改革创新为主线，落实修订后的登记制度和试验单位考核认定制度，并推动农药登记流程再造，使农药产品更加切合农业生产实际需要。农药经营管理将以农药经营许可为核心，配合实施限制使用农药定点经营，重点加强农药经营单位管理、农药市场监管、农药可追溯体系建设，确保农药市场秩序和农药产品质量。

（二）农药工业展望

当前，我国农药工业处在经济转型、结构调整以及环保、舆论、安全生产等多重重压之下，转型升级势在必行。未来一段时间内，农药工业将以“创新、绿色、协调、开放、共享”的发展理念为引领，围绕“去产能、补短板、调结构”的主要任务，提质增效、创新发展，不断提高健康和可持续发展水平。一是更加注重发展质量提升。按照走新型工业化道路的要求，进一步调整产业布局，优化产品结构，提高产业集中度，促进集约化，创立优质农药品牌，提高行业竞争力。二是更加注重环境友好可持续。加强农药工业循环经济建设，开发推广先进适用的清洁生产工艺和“三废”处理技术，降低能源消耗，减少污染排放，有效处理生产过程产生的废弃物。三是更加注重创新发展。加大技术改造力度和研发投入，增强科研开发及新品种创制能力，提高企业工艺技术和装备水平，推动技术创新和产业升级。

（三）使用推广展望

近年来，病虫害发生程度有所加重且抗性增强，将导致用药剂量增加。但是，随着农药综合减量技术和高效产品的推广应用，农药利用率将得到提高，预计农药总体使用量将稳中有降。而且，农药使用推广将围绕以下主要方向：一是深入落实农药减量计划。《到2020年农药使用量零增长行动方案》提出了以“控、替、精、统”为要点的技术路径，绿色防控、生物农药、精准施药技术、统防统治、喷雾助剂、植物健康等技术预期将得到大力推广。二是施药新技术、新器械推广应用。随着农药全程服务模式的兴起，预计更多的农药生产企业会加入防治服务之中，专业化统防统治组织将继续壮大，作物综合解决方案以及飞防、大型器械等将得到进一步扩大应用。三是重点提升安全用药水平，为农产品质量安全、人身及生态环境安全提供保障。此外，随着“镰刀弯”地区玉米种植面积的调减，迫切需要大豆、杂粮等作物病虫害防治技术的示范推广。

（四）国际贸易展望

我国农药国际贸易正面临难得的历史发展机遇。随着“一带一路”等对外战略的推进，我国将与更多的国家或地区建立更为紧密的贸易关系，为农药出口打开了更为广阔的市场空间。同时，我国与美国、加拿大、欧洲、泰国、印度等国家和地区的农药管理合作不断加深，特别是登记试验数据互认取得了重要进展，这将为国内企业在国外申请登记、进一步扩大国际市场提供极大便利。此外，全球农药行业遭遇业绩下滑，许多企业纷纷寻求并购整合以降低成本，如陶氏化学与杜邦合并成立陶氏杜邦公司，这将为我国农药企业收购国际资源提供了契机。国内农药企业要抢抓国际贸易发展机遇，增强利用国内国际“两个市场、两种资源”的能力，在“一带一路”“南南合作”“走出去”等战略背景下，积极谋划全球农药市场新布局。同时，提高农药进军国际市场的集团化、规模化、品牌化水平，进一步提升我国农药国际竞争力和市场占有率。

第二章

农药行业政策

DI'ERZHANG NONGYAO HANGYE ZHENGCE

从法律法规、部门规章和其他政策3个层面，梳理了2015年公布或正式实施的农药行业管理政策。新版《环境保护法》和新版《食品安全法》正式实施，都对农药的使用实行更为严格的管理措施，《农药管理条例》已列入国务院2015年立法工作计划。

中国农药发展报告 2015 · 第二章　农药行业政策

一、法律法规

2015年4月24日，修订后的《食品安全法》经第十二届全国人大常委会第十四次会议审议通过，2015年10月1日起施行。新《食品安全法》明确，国家对农药的使用实行严格的管理制度，加快淘汰剧毒、高毒、高残留农药，推动替代产品的研发和应用，鼓励使用高效、低毒、低残留农药；禁止生产经营农药残留超过食品安全标准限量的食品、食品相关产品；食用农产品生产者应当按照食品安全标准和国家有关规定使用农药等农业投入品，严格执行农业投入品使用安全间隔期的规定，不得使用国家明令禁止的农业投入品，禁止将剧毒、高毒农药用于蔬菜、瓜果、茶叶和中草药材等国家规定的农作物；食用农产品的生产企业和农民专业合作经济组织应当建立农业投入品使用记录制度；违法使用剧毒、高毒农药的，除依照有关法律、法规规定给予处罚外，可以由公安机关依照规定给予拘留。

2015年1月1日起，新《环境保护法》正式实施。新《环境保护法》将环境保护确立为基本国策，从管理机制、部门职权、公众参与等方面进行了创新，并明确违法排污按日计罚、上不封顶等处罚措施。直接针对农药，新《环境保护法》规定，各级人民政府及其农业等有关部门和机构应当指导农业生产经营者科学种植和养殖，科学合理施用农药、化肥等农业投入品，防止农业面源污染；施用农药、化肥等农业投入品及进行灌溉，应当采取措施，防止重金属和其他有毒有害物质污染环境；生产、使用国家明令禁止生产、使用的农药，被责令改正，拒不改正的，尚不构成犯罪的，除依照有关法律法规规定予以处罚外，由县级以上人民政府环境保护主管部门或者其他有关部门将案件移送公安机关，对其直接负责的主管人员和其他直接责任人员，处十日以上十五日以下拘留，情节较轻的，处五日以上十日以下拘留。

2015年4月13日，《农药管理条例》列入国务院2015年立法工作计划，继续推进修订工作，拟对农药管理体制做出重要调整。此外，经国务院第91次常务会议审议，同意设立农药登记试验单位认定制度，新设试验单位考核认证证书核发行政许可。

二、部门规章及规范性文件

2014年12月31日，中华人民共和国海关总署发布第2203号公告，对《中华人民共和国进出口农药管理名录》进行调整，自2015年1月1日起施行，农药进出口单位需按照新名录中的商品编码及其对应的商品名称向农业部申请办理农药进出口管理放行手续。

2015年1月14日，农业部网站公布第2186号公告，公布了《农药正式登记审批规范》《新农药、新制剂农药田间试验审批规范》《农药正式登记审批标准》和《新农药、新制剂农药田间试验审批标准》，对农药正式登记，新农药、新制剂田间试验审批中审批依据、审批程序、审查内容、办理时限、收费标准等内容进行了规定。

2015年1月1日，新《环境保护法》正式实施，环保部抓紧制定了《环境保护按日连续处罚暂行办法》《实施环境保护查封、扣押暂行办法》《环境保护限制生产、停产整治暂行办法》《企业事业单位环境信息公开暂行办法》4个便于操作的实施细则。这4个暂行办法中，除了备受关注的按日连续处罚和企业环境信息公开外，还包括对违法企业采取查封、扣押乃至限产及停产措施。

2015年2月27日，国家安全生产监督管理总局会同工信部、公安部、环保部、交通运输部、农业部、卫生计生委、质检总局、铁路局、民航局制定了《危险化学品目录（2015版）》，并于2015年5月1日起实施。所列入的农药品种由800多种减少至167种，其中，农药仅涉及28种原药。另外，由国家安全生产监督管理总局修改的《危险化学品重大危险源监督管理暂行规定》自2015年7月1日起实施，在重大危险源监督管理、生产企业安全生产许可证实施办法、输送管

道安全管理、使用许可证管理等方面均修改或新增了有关条款。

2015年8月22日，农业部发布第2289号公告，决定对杀扑磷、溴甲烷、氯化苦3种农药采取禁限用管理措施。一是自2015年10月1日起，撤销杀扑磷在柑橘树上的登记，禁止杀扑磷在柑橘树上使用。二是自2015年10月1日起，将溴甲烷、氯化苦的登记使用范围和施用方法变更为土壤熏蒸，撤销除土壤熏蒸外的其他登记。溴甲烷、氯化苦应在专业技术人员指导下使用。

2015年10月8日，农业部发布第2308号公告，发布施行《食品中农药残留风险评估指南》和《食品中农药最大残留限量制定指南》。

三、其他政策文件

2014年12月31日，财政部和国家税务总局联合发布了《关于调整部分产品出口退税率的通知》（财税〔2014〕150号）。对2甲4氯异辛酯、乙羧氟草醚、麦草畏、2,4-滴、禾草灵、氟虫腈等481种农药产品出口退税率进行了调整。

2015年2月17日，农业部印发《到2020年农药使用量零增长行动方案》，提出到2020年，初步建立资源节约型、环境友好型病虫害可持续治理技术体系，绿色防控、统防统治、科学用药水平明显提升，单位防治面积农药使用量控制在近3年平均水平以下，力争实现农药使用总量零增长。

2015年3月20日，农业部、工信部、公安部、国家工商行政管理总局、国家质量监督检验检疫总局、中华全国供销合作总社联合印发了《2015年全国农资打假和监管工作要点》。在总结前几年农资打假工作经验基础上，针对当前的新形势和新任务，明确了严把市场准入关口、强化生产源头监管、深化农资市场整顿等12个方面的重点任务。

2015年4月17日，工信部发布《2015年颁发第四批农药制剂产品生产批准证书备案的函》，河北三农农用化工有限公司的75%噻唑磷乳油、东部福阿母韩农（黑龙江）化工有限公司的5%嘧啶肟草醚乳油等多个乳油产品新获得了生产批准证书，农药乳油产品批准证书发证工作在暂停5年之后重新开启。

2015年7月10日，第八届全国农药登记评审委员会第十七次全体会议召开，评审委员会建议：一是加强观赏花卉、草坪、非耕地和林业等用药的登记管理；二是不再受理、批准氟苯虫酰胺在水稻上的登记申请（包括续展登记申请），撤销已登记产品在水稻上使用的登记；三是撤销杀扑磷的农药登记，撤销甲拌磷、甲基异柳磷、克百威在甘蔗上使用登记，变更溴甲烷、氯化苦的使用范围为土壤熏蒸，撤销溴甲烷、氯化苦除土壤熏蒸以外的其他用途；四是不再受理、批准百草枯的登记申请（包括续展登记申请），适时撤销现有百草枯产品的农药登记。

2015年12月15日，第八届全国农药登记评审委员会第十八次全体会议召开，评审委员会建议：一是对同一品种毒性级别不同的原药产品用于加工种子处理剂时，应当按照最高毒性级别管理，有中等毒以上的应当进行残留试验；二是不再受理、批准含2,4-滴丁酯成分农药产品的田间试验、登记申请，不再受理并停止办理相关产品登记续展；三是加强零售磷化铝产品管理，包括修订磷化铝产品标签，改为内外双层包装，要求经营单位做好告知和完整实名制购销记录；四是不再受理、批准含三氯杀螨醇成分产品的田间试验、登记申请，不再受理并停止办理相关产品登记续展，制剂产品登记证有效期统一变更至2016年5月17日止，并于2018年5月17日全面禁止销售、使用。

3 第三章 农药管理工作

DISANZHANG NONGYAO GUANLI GONGZUO

2015年，继续推进农药登记评审改革创新，积极推进高毒、剧毒农药和老旧农药淘汰工作。强化“指定抽查生产企业”监管机制，完善“否认产品下架”等监督机制，加强农药技术标准制（修）订（定）工作，最终实现检测方法覆盖所有限量标准。

中国农药发展报告 2015 · 第三章　农药管理工作

一、农药登记审批

（一）农药登记审批改革

2015年，继续推进农药登记评审改革创新，加强内部管控，实施包括农药登记试验管理、登记资料评审、评审委员会审议、行政审批办理以及信息公开的全程管控。一是实施登记集中评审。将新农药田间试验、临时登记、正式登记、变更登记全部纳入集中评审范围，整合和优化审批程序，精简系统运转环节，实行定位、定岗、定员、定时，确保农药登记审批公正公平。二是设立面向企业开放日。2015年1月首次举办“面向企业开放日”活动，并以此为平台，相继开展了一系列专题研讨，针对草甘膦和草铵膦混配登记可行性、冬枣病虫害防治、芸薹素内酯产品登记、植物源农药登记，以及田田圈商业模式等5个热点问题进行了深入的互动交流。三是加大信息公开力度。拟批准登记公示信息增加了受理时间、授权信息等内容，并依托政务网站、微信公众号等对外窗口，推动政务公开，规范审议、签批、审核、上报程序，确保农药登记评审全部公示、异议反馈全部处理。四是推动部省联动评审。在全面考评、专业培训、信息共享基础上，先后将河北、江苏、山东、浙江、湖南和陕西等14个省所纳入部省联动评审体系，评审范围涉及产品化学、药效、残留、毒理等多个专业领域。

（二）高风险农药淘汰退出

根据新《食品安全法》和“农药使用量零增长行动”要求，积极推进高毒、剧毒农药和老旧农药淘汰工作。一是全面调查高毒农药的生产、使用状况。3月开展了涕灭威等高毒农药有关情况调查，对374个企业生产的789个农药产品进行了生产使用和销售情况调查，基本掌握了全国高毒农药生产使用和销售情况。二是严格部分高毒农药登记管理。在公开征求意见的基础上，经全国农药登记评审委员会审议通过，2015年8

月22日农业部发布第2289号公告，对杀扑磷、溴甲烷、氯化苦等3种农药采取限制管理措施。三是制定老旧农药淘汰工作方案。根据对老旧农药登记使用情况的前期调研，并结合有关产品面临的问题，制定了“老旧农药淘汰工作方案”，确定了工作原则、实施范围和有关步骤。

（三）特色小宗作物用药登记

在前期调研、专家论证的基础上，公开向社会征集用药短缺作物，开展作物与靶标群组化研究，明确特色小宗作物用药登记资料要求，通过顶层设计建立特色小宗作物用药管理的长效机制。浙江、山东、吉林、云南等省积极争取财政资金支持，通过联合试验、集中评审、绿色通道等措施，加快地方急需的特色小宗作物用药登记。特色小宗作物专项实施3年来，已有723个农药产品登记用于花椰菜、韭菜、莲藕等11种特色蔬菜，人参、杭白菊等5种中药材，草莓、杨梅等4种特色水果的28种病虫害防治，特色经济作物用药登记取得突破性进展，有力地推动了地方特色经济发展。

（四）风险监测及再评价

2015年共收集460例农药安全风险事件，涉及300多个农药产品、90个有效成分，并对造成药害事故、抗性上升、残留超标和人畜中毒的主要农药品种及原因进行整理分析。在广泛听取各领域意见、征集风险农药品种建议及农药风险监测信息的基础上，制定了农药品种再评价规划，有步骤地开展农药再评价工作。一是着手启动了多菌灵、三唑磷、莠去津、吡虫啉、混灭威、速灭威、甲草胺、丁草胺等8个农药品种的再评价工作，汇总有关风险信息，制定再评价工作方案，拟定试验验证方案等。二是完成2,4-滴丁酯、磷化铝、三氯杀螨醇、氟苯虫酰胺等4种农药再评价研究，针对不同的安全性问题提出相应管理建议，并经全国农药登记评审委员会审议通过。三是开展了乙酰甲胺磷、丁硫克百威、乐果、硫双威等品种的蔬菜残留验证工作，有关田间试验、仪器检测工作已完成。四是根据国际农药管理热点，开展吡虫啉对蜜蜂慢性和迷向影响试验研究工作。

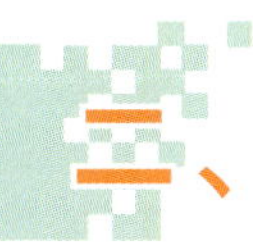

二、农药市场监管

（一）市场监督抽查

2015年，在原有差异化监管机制的基础上，强化“指定抽查生产企业”监管机制，完善“否认产品下架”“通报监管生产企业否认产品”等机制，与农业生产用药实际对接，分类下达监管任务，分类通报，提高监管的针对性和时效性。全年抽查、检测农药样品4 639个，质量合格率84.2%。其中，检出假农药（标明的有效成分未检出或擅自加入其他农药成分）423个，占检测样品总数的9.1%，占不合格样品的57.6%。分类别看，杀虫剂合格率81.4%，杀菌剂合格率90.2%，除草剂合格率85.3%。生物农药和烟剂产品问题突出，合格率仅分别为21.6%和67.4%（图1）。

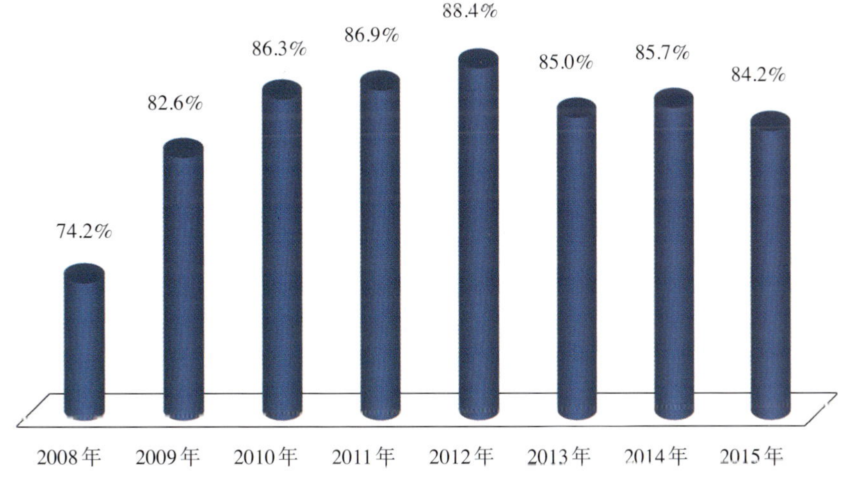

图1　2008—2015年农药产品监督抽查质量合格情况

（二）隐性成分监管技术

各级农药检定机构联合开展农药成分监管专题研究，提出了强化检测技术、植保技术与监督平台有效结合的新理念，建立病虫害与农药品种对应关系数据库，建立通用的检测方法与农药品种检测信息数据库，快速扫描涉嫌农药成分，避免盲检。目前，该检测技术已经能够覆盖480种农药成分的快速检测，基本解决了非法添加其他农药监管的技术难题。

（三）全国农药执法联动

为提高全国农药执法监管时效性和针对性，建立了全国农药执法网络联动系统，实现了农药登记与市场监管的数据对接，为执法者查找违法行为提供高效手段，只要输入任何一项农药监管相关信息，就可以轻松地查出违法企业、产品名单和具体违法行为。执法联动平台打破了传统单点作战的执法模式，推动全国农业执法系统资源共享，为实施全国检打联动、协调互动提供了技术支撑。

三、农药技术标准制定

（一）残留标准

2015年，制定完成《加快完善我国农药残留标准体系的工作方案（2015—2020）》，提出通过5年的努力，使我国农药残留限量标准及其配套检测方法标准达到10 000项以上，实现农药残留标准“三覆盖”，即限量标准覆盖所有批准使用的农药品种和相应农产品，检测方法覆盖所有限量标准，最终达到生产有标可依、产品有标可检、执法有标可判的目标。该方案明确了“十三五”期间农残标准的目标、任务和路径，得到财政部等有关部委的一致同意，受到国务院高度重视，李克强总理等国家领导批阅。此外，完成《食品安全国家标准　食品中农药最大残留限量（GB 2763—2016）》并提请标准委员会审议，规定了433种农药在10大类农产品中4 140个残留限量。检测方法标准方面，对现行413项农残检测方法指标重复、与限量配套性差等问题进行了清理，按农药、食品种类、前处理方法和仪器条件对涉及的17 000多个参数进行了分类。

（二）产品质量标准

截至2015年12月，现行农药产品质量标准数量为349个，其中国家标准181个、化工行业标准168个。2015年新发布农药质量国家标准和化工行业标准38项。其中，产品标准涉及啶虫脒、丙溴磷、2,4-滴、敌草隆、乙氧氟草醚、异菌脲、草铵膦、噻虫嗪、二氯吡啶酸、敌草快、霜脲氰、氯菊酯等品种；基础标准包括《农药登记产品规格制定规范》《农药常温贮存稳定性试验通则》《农药剂型名称与代码》《禁限用农药定性定量分析方法》《农药堆密度测定方法》《农药水分散粒剂流动性》等。

（三）药效标准

2015年度立项完成的8项新增标准涵盖了农药田间药效试验、农药室内药效试验、农药抗性风险评估、天敌昆虫田间试验等主要领域，延续了已颁布的农业行业标准框架，是以往系列标准的有益补充。同时，为全面提高我国农药登记试验管理水平，提高农药药效评价试验结果的科学性、准确性和可重复性，探索建立了适合我国国情的《农药登记田间药效试验质量管理规范》。

（四）环境标准

2015年完成了《农药登记　化学农药环境风险评估指南》7项系列农业行业标准。《农药登记　环境风险评估指南》系列农业行业标准（NY/T 2882.1～7—2016）包含总则及水生态系统、地下水、鸟、蜜蜂、家蚕、非靶标节肢动物6项重点保护对象的操作指南，其中，家蚕风险评估指南、水生态系统的场景设计等方法和内容为我国自主创新形成的，其规范的技术方法和程序已逐步被国内外业界同行采纳和应用，也标志着我国农药管理环境风险评估工作进入了实质性操作阶段。

（五）毒理标准

2015年制定了《农药内分泌干扰作用评价方法》（NY/T 2873—2015）、《农药每日允许摄入量》（NY/T 2874—2015）、《蚊香类产品健康风险评估指南》（NY/T 2875—2015）3项毒理学相关行业标准。《农药内分泌干扰作用评价方法》规定了内分泌干扰作用的基本试验方法和技术要求，包括雌激素受体转录激活试验、体外类固醇合成试验、子宫增重试验、Hershberger试验等。《农药每日允许摄入量》制定了554种农药的每日允许摄入量，涵盖了绝大部分在我国已经登记的化学农药。《蚊香类产品健康风险评估指南》规定了卫生杀虫剂产品风险评估的问题分析、暴露评估、危害评估、风险表征过程及主要技术参数。

第四章 农药登记产品

DISIZHANG NONGYAO DENGJI CHANPIN

从多角度、多层次分析了2015年登记农药产品和新增登记产品变化情况，并介绍了主要新品种。数据分析表明，我国登记产品中，中等毒、低毒、微毒产品占绝大多数，新增登记产品基本均衡，继续保持低毒化发展趋势。

中国农药发展报告 2015 · 第四章　农药登记产品

一、登记产品

截至2015年底，我国共有有效期内登记产品34 315个。其中，正式登记32 915个，临时登记875个，分装登记525个。原药产品4 046个，制剂产品30 269个（表1）。

表1　农药登记类型统计

单位：个

登记类型	原药*	制剂	合计
正式登记	3 996	28 919	32 915
临时登记	50	825	875
分装登记	0	525	525
合计	4 046	30 269	34 315

* 含母药。

分类别看，杀虫剂数量最多，为12 932个；杀菌剂和除草剂基本持平，分别为8 569个和8 012个；卫生杀虫剂2 462个；植物生长调节剂779个；杀鼠剂135个；其他产品1 426个（表2）。

表2　农药登记产品类别统计

单位：个

产品类别	原药*	制剂	合计
杀虫剂	1 202	11 730	12 932
杀菌剂	885	7 684	8 569
除草剂	1 459	6 553	8 012

（续）

产品类别	原药*	制剂	合计
植物生长调节剂	152	627	779
杀鼠剂	64	71	135
卫生杀虫剂	161	2 301	2 462
其他	123	1 303	1 426
合计	4 046	30 269	34 315

* 含母药。

从毒性看，我国登记产品中，中等毒、低毒、微毒产品占绝大多数，合计比例超过98%。低毒产品最多，为25 332个；中等毒产品为5 858个，微毒产品为2 613个；高毒产品为475个；剧毒产品为19个（表3）。

表3 农药登记产品毒性统计

单位：个

毒　性	原药*	制剂	合计
微毒	250	2 363	2 613
低毒	2 916	22 416	25 332
中等毒	755	5 103	5 858
高毒	109	366	475
剧毒	16	3	19

* 含母药。

从制剂产品的剂型看，传统剂型的比例仍然较大。乳油产品为9 478个，占到制剂产品的31%；可湿性粉剂产品6 601个，占比22%。悬浮剂产品3 149个，占制剂产品比重10%；水剂、水分散粒剂分别为2 025个和1 468个（表4）。

表4　登记农药产品剂型统计

单位：个，%

剂　型	农药产品	占制剂比重
乳油	9 478	31
可湿性粉剂	6 601	22
悬浮剂	3 149	10
水剂	2 025	6.7
水分散粒剂	1 468	5
水乳剂	1 012	3
微乳剂	967	3
可溶粉剂	601	2
气雾剂	516	2
颗粒剂	529	2
蚊香	412	1
可分散油悬浮剂	489	1.6
悬浮种衣剂	481	1.6
电热蚊香液	226	1
可溶液剂	243	1
悬乳剂	250	1

（续）

剂　型	农药产品	占制剂比重
电热蚊香片	191	0.6
粉剂	159	0.5
可溶粒剂	201	1
饵剂	151	0.5
烟剂	129	0.4

从有效成分看，阿维菌素登记产品最多，达到1 599个；其次为吡虫啉，登记产品1 276个；高效氯氰菊酯、毒死蜱、辛硫磷等登记产品数量均过千。但是，仅从原药产品来看，草甘膦登记产品最多，达到157个；其次为吡虫啉，登记产品数为76个；毒死蜱、烟嘧磺隆的登记产品数超过50个（表5）。

表5　登记数量前30位的农药品种

单位：个

农药品种	类别	原药*	制剂	合计
阿维菌素	杀虫剂	30	1 569	1 599
吡虫啉	杀虫剂	76	1 200	1 276
高效氯氰菊酯	杀虫剂	31	1 041	1 072
毒死蜱	杀虫剂	68	977	1 045
辛硫磷	杀虫剂	17	983	1 000

（续）

农药品种	类别	原药*	制剂	合计
多菌灵	杀菌剂	20	925	945
草甘膦	除草剂	157	748	905
代森锰锌	杀菌剂	31	845	876
福美双	杀菌剂	13	757	770
高效氯氟氰菊酯	杀虫剂	45	722	767
乙草胺	除草剂	33	659	692
莠去津	除草剂	23	663	686
啶虫脒	杀虫剂	49	619	668
氯氰菊酯	杀虫剂	30	604	634
苄嘧磺隆	除草剂	16	542	558
苯醚甲环唑	杀菌剂	33	515	548
戊唑醇	杀菌剂	50	490	540
甲基硫菌灵	杀菌剂	19	468	487
噻嗪酮	杀虫剂	23	454	477
烟嘧磺隆	除草剂	53	422	475
三唑磷	杀虫剂	19	385	404
精喹禾灵	除草剂	19	375	394
丙环唑	杀菌剂	45	343	388

（续）

农药品种	类别	原药*	制剂	合计
马拉硫磷	杀虫剂	16	369	385
氰戊菊酯	杀虫剂	14	363	377
哒螨灵	杀虫剂	11	363	374
联苯菊酯	杀虫剂	29	342	371
胺菊酯	卫生杀虫剂	6	360	366
异丙威	杀虫剂	9	349	358
甲氨基阿维菌素苯甲酸盐	杀虫剂	7	256	263

* 含母药。

从登记作物上看，水稻上的登记产品数量最多，为7 253个，占制剂产品总数的18%；其次是棉花，登记产品数量为3 000个；柑橘、小麦、甘蓝、苹果、黄瓜、玉米等也是我国农药产品登记的主要作物，产品数量均超过了2 000个（表6）。

表6　主要作物上登记的农药产品统计

单位：个，%

作物名称	农药产品	占制剂比重
水稻	7 253	18
棉花	3 000	7
柑橘	2 417	6
小麦	2 374	6
甘蓝	2 317	5.7

（续）

作物名称	农药产品	占制剂比重
苹果	2 296	5.6
黄瓜	2 167	5
玉米	2 002	5
大豆	1 382	3
十字花科蔬菜	1 371	3
番茄	1 162	3
花生	824	2
茶	782	2
梨	765	2
烟草	632	1.6
香蕉	541	1
油菜	523	1
葡萄	464	1

二、新增登记产品

2015年，新增农药登记产品3 295个，相比2014年减少了75个。其中，正式登记2 897个，临时登记375个，分装登记23个。分原药制剂看，原药产品427个，制剂产品2 868个（表7）。

表7　2015年度新增农药登记类型统计

单位：个

登记类型	原药*	制剂	合计
正式登记	408	2 489	2 897
临时登记	19	356	375
分装登记	0	23	23
合计	427	2 868	3 295

* 含母药。

分类别看，2015年3类主要农药的新增登记产品基本均衡，杀虫剂新增955个，杀菌剂新增1 002个，除草剂新增934个。植物生长调节剂登记产品94个，杀鼠剂仅新增2个，卫生杀虫剂新增产品232个（表8）。

表8　2015年度新增登记产品类别统计

单位：个

产品类别	原药*	制剂	合计
杀虫剂	97	858	955
杀菌剂	133	869	1 002
除草剂	164	770	934
植物生长调节剂	14	80	94
杀鼠剂	1	1	2
卫生杀虫剂	4	228	232
其他	14	62	76
合计	427	2 868	3 295

* 含母药。

从毒性看，2015年继续保持低毒化趋势。新增登记产品中，低毒产品2 604个，微毒产品463个，中等毒产品221个。没有剧毒产品新增登记，高毒产品新增1个，为94%阿维菌素原药（表9）。

表9　2015年度新增登记农药产品毒性统计

单位：个

毒性	原药*	制剂	合计
微毒	60	403	463
低毒	319	2 285	2 604
中等毒	47	174	221
高毒	1	0	1
剧毒	0	0	0

* 含母药。

从剂型看，2015年新增产品的剂型环保化趋势明显。悬浮剂产品共769个，占到了制剂产品的26.8%；水分散粒剂271个，占到9.4%；水剂、水乳剂、微乳剂等分别新增245个、162个、122个，这5种剂型的比例合计达到54.7%。传统剂型可湿性粉剂产品新增358个，乳油产品新增179个（表10）。

表10　2015年度新增登记农药产品剂型统计

单位：个，%

剂　型	登记产品	占制剂比重
悬浮剂	769	26.8
可湿性粉剂	358	12.5

（续）

剂　型	登记产品	占制剂比重
水分散粒剂	271	9.4
乳油	179	6.2
水剂	245	8.5
水乳剂	162	5.6
微乳剂	122	4.3
可分散油悬浮剂	126	4.4

从品种看，阿维菌素、莠去津、嘧菌酯、苯醚甲环唑、硝磺草酮、戊唑醇、吡虫啉等新增产品均超过100个。而在原药中，吡唑醚菌酯产品最多，新增登记25个；其次为噻虫嗪、吡蚜酮，分别新增登记12个；嘧菌酯、草铵膦、烟嘧磺隆等原药产品也新增较多（表11）。

表11　2015年度新增登记数量前20位的农药品种

单位：个

农药品种	类别	原药*	制剂	合计
阿维菌素	杀虫剂	1	124	125
莠去津	除草剂	0	120	120
嘧菌酯	杀菌剂	9	108	117
苯醚甲环唑	杀菌剂	6	104	110
硝磺草酮	除草剂	6	102	108
戊唑醇	杀菌剂	3	105	108

（续）

农药品种	类别	原药*	制剂	合计
吡虫啉	杀虫剂	6	99	105
噻虫嗪	杀虫剂	12	87	99
草甘膦	除草剂	6	92	98
吡蚜酮	杀虫剂	12	69	81
氯氟醚菊酯	卫杀剂	0	70	70
甲维盐	杀虫剂	3	66	69
烟嘧磺隆	除草剂	8	61	69
草铵膦	除草剂	9	52	61
茚虫威	杀虫剂	5	54	59
吡唑醚菌酯	杀虫剂	25	34	59
氰氟草酯	除草剂	4	54	58
毒死蜱	杀虫剂	0	57	57
螺螨酯	杀螨剂	3	54	57
氟虫腈	杀虫剂	3	46	49

* 含母药。

从登记作物看，水稻仍然是2015年新增产品的集中登记目标，共有692个新增登记产品，占到制剂总数的23%；其次为玉米、小麦、甘蓝，分别新增产品254个、224个、215个；其余新增产品超过100个的登记作物为黄瓜、苹果、柑橘、棉花等（表12）。

表12　2015年度主要作物上新增登记的农药产品统计

单位：个，%

作物名称	农药产品数量	占制剂比重
水稻	692	23
玉米	254	8
小麦	224	7
甘蓝	215	7
黄瓜	180	6
苹果	155	5
柑橘	139	4.6
棉花	120	4
番茄	84	3
花生	68	2
葡萄	54	1.8
香蕉	52	1.7
大豆	49	1.6
梨	19	0.6

三、登记新品种

2015年新增的3 295个登记产品中，资料保护期、专利保护期内新农药产品292个，占9%；次新农药产品1 081个，占33%；老农药产品1 922个，占58%（图2）。

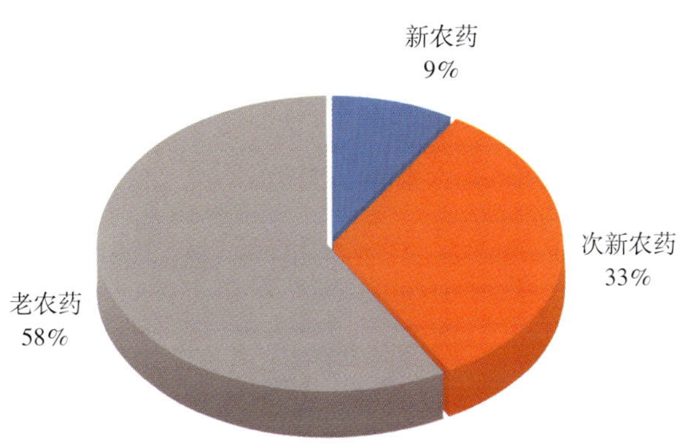

图2　2015年新增登记产品类型

2015年首次登记的新有效成分16种，其中化学农药11种，生物化学农药3种，微生物农药2种（表13）。

表13　2015年农药登记新品种

类　别	农药品种
	首次登记新化学农药11种
杀虫剂	环虫酰肼、环氧虫啶、乙唑螨腈
杀菌剂	苯菌酮、酚菌酮、氟醚菌酰胺、氟唑菌苯胺、氟噻唑吡乙酮、氟唑活化酯
除草剂	氟酮磺草胺、氟噻草胺
	首次登记新生物化学农药3种
杀菌剂	甾烯醇
杀虫剂	斜纹夜蛾性诱剂、二化螟性诱剂
	首次登记新微生物农药2种
杀虫剂	大孢绿僵菌
杀菌剂	盾壳霉

第五章 农药工业运行

DIWUZHANG NONGYAO GONGYE YUNXING

2015年，全国农药产量总体保持平稳，全国农药工业总体效益有所提升，农药工业投资继续向新产品、次新产品的开发和建设倾斜，农药企业两级分化发展的趋势愈加明显。在技术创新方面，充分发挥产学研的协同作用，创制了一批具有自主知识产权的农药新品种。

中国农药发展报告 2015 · 第五章　农药工业运行

一、产品市场情况

2015年全国农药产量总体保持平稳，但主要的3类农药产量有所下滑。据国家统计局统计，2015年全国累计生产农药374.1万吨，同比增长2.3%。其中，除草剂产量为177.4万吨，同比略降1.5%，占到农药总产量的47.4%；杀虫剂产量为51.4万吨，同比下降4.3%，占农药总产量的13.7%；杀菌剂产量为18.2万吨，同比下降8.4%，占农药总产量的4.9%（表14、图3）。

表14　2015年全国农药产量

分类	企业数（个）	全年产量（万吨）	2014年同期（万吨）	同比（%）
农药	357	374.1	365.8	2.3
杀虫剂	125	51.4	53.6	-4.3
杀菌剂	70	18.2	19.9	-8.4
除草剂	114	177.4	180.1	-1.5

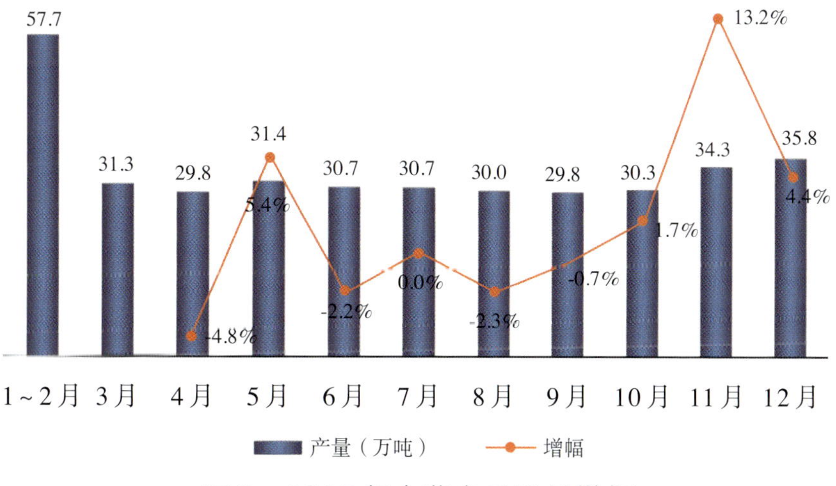

图3　2015年农药产量及月增幅

纵观2015年，多数农药产品价格保持在较低位运行。据中国农药工业协会统计，2015年中国农药价格指数（CAPI）整体上呈现下跌态势，其中1月、3月和4月指数较高，CAPI值均在84.0以上；进入四季度，在整体产能过剩和需求疲软的形势下，企业开工情绪低落，尤其是临近年底，对年后市场发展趋势表示担忧，大部分为完成前期订单，CAPI指数再创新低，10～12月均在75.0以下（图4）。

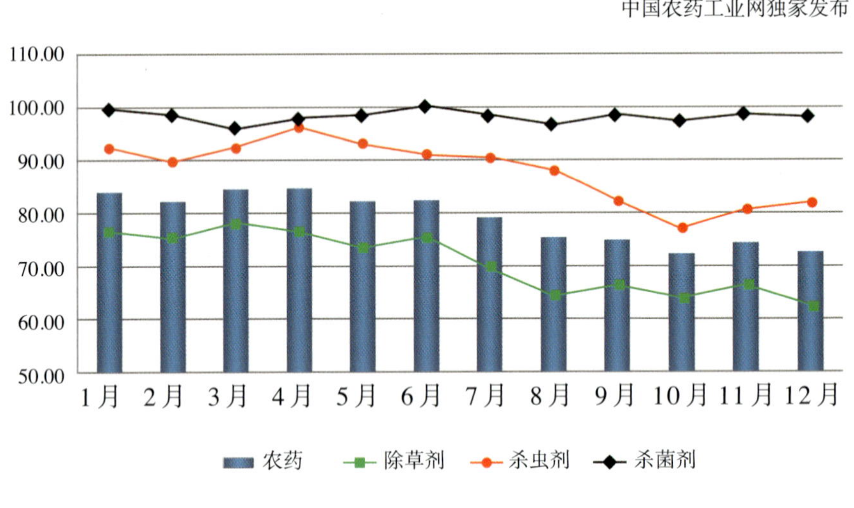

图4　中国农药价格指数（CAPI）

二、工业效益情况

2015年全国农药工业总体效益有所提升。根据国家统计局对829家规模以上农药企业的统计，2015年，总资产达到2 277.54亿元，同比增长8.6%；主营业务收入3 107.22亿元，同比增长5.1%；利润总额225.56亿元，同比微增1.7%；利润收入比为7.3%，较2014年下降了0.2个百分点（表15）。

表15　2015年各项经济指标完成情况

类别	企业数（个）	资产总计		主营业务收入		利润总额		利税总额	
		累计（亿元）	同比（%）	累计（亿元）	同比（%）	累计（亿元）	同比（%）	累计（亿元）	同比（%）
化学农药制造业	829	2 277.54	8.6	3 107.22	5.1	225.56	1.7	311.05	3.0
化学原药制造	692	2 066.98	8.0	2 788.29	4.7	199.79	1.7	270.60	3.2
生物化学农药及微生物农药制造	137	210.56	15.1	318.93	9.2	25.77	1.9	40.45	2.2

资料来源：国家统计局。

农药工业经济效益提升的同时，由于市场需求下降、产品价格走低，亏损企业数量明显增加。规模以上企业中亏损企业数大幅增加32.1%，亏损额为8.7亿元，同比增长53.8%，亏损面同比增长2.3个百分点（表16）。

表16　2015年农药工业亏损情况

类　别	企业数（个）	亏损企业数（个）		亏损额（亿元）		亏损面（%）		平均亏损额（万元）		负债合计（亿元）	
		累计	同比（%）	累计	同比（%）	累计	上年同期	累计	同比（%）	累计	同比（%）
化学农药制造业	829	74	32.1	8.73	53.8	8.9	6.6	1 179.1	16.4	1 148.0	7.2
化学原药制造	692	63	26.0	8.50	52.9	9.1	7.0	1 349.9	21.3	1 054.7	6.2

（续）

类　别	企业数（个）	亏损企业数（个）		亏损额（亿元）		亏损面（%）		平均亏损额（万元）		负债合计（亿元）	
		累计	同比（%）	累计	同比（%）	累计	上年同期	累计	同比（%）	累计	同比（%）
生物化学农药及微生物农药制造	137	11	83.3	0.22	104.1	8.0	4.6	200.7	11.4	93.3	20.0

资料来源：国家统计局。

三、工业投资情况

农药工业投资继续向新产品、次新产品的开发和建设倾斜；环保设施投入、自动化设备投入不断加大。随着景气程度下滑，农药工业总体投资意愿不高。据统计，2015年，农药工业实际完成投资降低3.3%，其中化学农药完成投资与2014年持平，占完成总投资的68.4%（2014年同期为66.2%），生物农药实际完成投资降低9.6%（表17）。

表17　2015年累计固定资产投资完成情况

类　别	计划投资（万元）	同比（%）	实际完成（万元）	同比（%）	施工项目（个）	同比（%）
农药制造	8 120 936	-6.8	5 017 715	-3.3	606	10.2
其中：化学农药	5 328 731	2.4	3 432 148	0.0	410	8.5
生物农药	2 792 205	-20.5	1 585 567	-9.6	196	14.0

四、企业发展情况

在大环境不利的情况下，2015年农药企业两极分化发展的趋势愈加明显。产品更新换代迅速、经营模式创新、业务渠道不断拓展的企业表现突出。根据部分公司发布的报表来看，诺普信营业利润增长了17.35%，利民化工净利润增长43%，利尔化学净利润也大增47.68%。而由于品种严重老化、产品单一、市场反应迟钝的企业业绩下滑明显。据国家统计局数据显示，2015年，全国规模以上农药企业数量有所下滑，由2014年的843家下降到2015年的829家。

近年来，在国家产业政策的引导下，农药企业准入门槛不断提高，新建农药生产企业规模不断扩大，同时随着环保、安全的要求日益严格，以及市场竞争日趋激烈，推动了农药企业兼并重组、股份制改造的步伐，企业规模不断壮大。2015年我国农药销售额超过10亿元的有40家，销售额最高超过35亿元，而2011年销售额超过10亿元的仅有10家，销售额最高的也只有19亿元。在各部门各企业通力合作下，农药产业布局更加集中，我国农药生产企业主要分布在江苏、山东、河南、河北、浙江等省，这5省的农药工业产值占全国的68%以上，农药销售收入超过5亿元的农药企业大多集中在这一地区。

根据工信部公告，2015年共有21家农药制剂企业在相关企业的帮扶下自愿放弃生产资质，其中有两家是原药企业（表18）。

表18　2015年退出企业名单

序号	省份	退出企业名称	生产类型	帮助企业
1	黑龙江	哈尔滨市绿海应用技术研究所	制剂	内蒙古佳瑞米精细化工有限公司
2	广西	广西博白县大西南农药厂	制剂	内蒙古佳瑞米精细化工有限公司

（续）

序号	省份	退出企业名称	生产类型	帮助企业
3	安徽	合肥天润日用化工公司	制剂（卫生用药）	黄山力神日用品有限公司
4	浙江	浙江三元农业高新技术实验有限公司	制剂	浙江花园生物高科股份有限公司
5	浙江	新昌县城关古塔化工厂	制剂（卫生用药）	浙江花园生物高科股份有限公司
6	湖南	湖南农杰生物科技有限公司	制剂	湖南惠农生物工程有限公司
7	江苏	昆山隆腾生物制品有限公司	制剂	陶氏益农农业科技（江苏）有限公司
8	四川	四川广信农化有限公司	制剂	江苏永凯化学有限公司
9	四川	四川斯壮生物科技有限公司	制剂	江苏永凯化学有限公司
10	河南	许昌魏都农药化工有限公司	制剂	盐城泰和化学有限公司
11	河北	石家庄通泰生化有限公司	制剂	盐城泰和化学有限公司
12	辽宁	丹东绿洲生物农药有限公司	制剂	江苏禾裕泰化学有限公司
13	江苏	姜堰市兴农生物工程有限公司	制剂	上海万力华生物科技有限公司
14	广西	桂林益源农化有限公司	制剂	山东亿盛实业有限公司
15	广西	桂林五丰化工技术有限公司	制剂	山东亿盛实业有限公司
16	湖北	湖北龙圣化工有限公司	制剂	联化科技（盐城）有限公司
17	江苏	江苏利达农药有限公司	制剂	联化科技（盐城）有限公司

（续）

序号	省　份	退出企业名称	生产类型	帮助企业
18	湖南	湖南南天实业股份有限公司	原药	岳阳市宇恒化工有限公司
19	吉林	吉林市绿邦科技发展有限公司	原药	七洲绿色化工（连云港）有限公司
20	四川	四川泰杰植保技术有限公司	制剂	广安利尔化学有限公司
21	四川	四川锦泰植保技术有限公司	制剂	广安利尔化学有限公司

五、技术创新情况

2015年作为“十二五”收官之年，农药技术创新取得突出成绩。在国家、地方和企业的共同努力下，充分发挥产学研结合的协同作用，创制了一批具有自主知识产权的农药新品种并取得了国内外专利，30个创制品种进入了国内外市场，累计推广面积3亿亩*以上。此外，主导品种和中间体绿色生产工艺开发、生产装备的集成化和大型化、工艺控制自动化、水基型剂型加工技术等共性关键技术已成功应用于农药工业化生产，促进了产业结构和产品结构调整。

随着“互联网+农业”的兴起和国家政策的大力支持，资本市场开始风起云涌，企业纷纷布局农资电商，农资电商步入了发展的快车道。到2015年，随着阿里、京东、诺普信、金正大、云农场等“互联网+”及“+互联网”企业的突然发力，农资电商异常火爆。与此同时，随着国家土地流转政策、城镇化建设的进一步实施，农业生产者逐步转型，农业生产机械化、标准化、规模化经营成必然趋势，统防统治为“飞防”的发展带来了契机。

* 亩为非法定计量单位，1公顷＝15亩。

6 第六章 农药使用及推广

DILIUZHANG NONGYAO SHIYONG ji TUIGUANG

2015年，节省用药技术、植物健康技术得到大面积推广，全国农药使用量稳中有降。积极开展新农药新剂型产品试验示范，组织安全科学用药技术和新型施药机械试验示范推广，专业化统防统治服务队伍全面发展，并对13种重大病虫的抗药性进行了监测。

中国农药发展报告 2015 · 第六章　农药使用及推广

一、农药使用总体情况

2015年在农药减量的大形势要求下，节省用药技术、植物健康技术得到比较多的推广，且作物病虫害与2014年基本持平，全国农药使用量平稳中有所下降。据全国农业技术推广服务中心对31个省（自治区、直辖市）植保植检站（不含西藏）调查的数据统计，2015年全国农作物用药92.64万吨，折百计30万吨，比上年减少1.45%（表19）。

表19　各类农药用量情况（折百计）

类　别	用量（万吨）	同比（%）	占比（%）
杀虫剂	10.89	−7.92	36.3
杀菌剂	8	0.07	26.67
除草剂	10.72	4.76	35.74
植物生长调节剂	0.38	1.32	1.28
杀鼠剂	0.05	−27.3	0.02

从农药类别看，杀虫剂仍然是我国使用量最大的农药种类，用量10.89万吨，占到36.3%，但是下降明显，同比减少了7.92%。除草剂为第二大使用种类，相比2014年增加了4.76%，用量达到10.72万吨，基本与杀虫剂持平，且有超越的趋势。杀菌剂用量8万吨，基本保持稳定。随着植物健康技术的推广应用，植物生长调节剂相比2014年增长了1.32%。此外，从毒性看，中微毒农药占农药总用量的0.43%、低毒农药占71.48%、中毒农药占25.19%、高毒农药占3%、剧毒农药占0.005%，可见，我国农作物用药品种主要以低毒为主。从农药成分来看，生物农药占8.22%，非生物农药占91.78%。

按作物来分，水稻、小麦上用药总量与2014年持平，玉米上用药量略有增加，果树、蔬菜、棉花用药量总体与2014年持平。在品种结构上，用量较大的品种与2014年相似。部分新品种用量增长较多，例如三唑类杀菌剂氟环唑，甲氧基丙烯酸类杀菌剂嘧菌酯、吡唑醚菌酯，除草剂草铵膦、杀虫剂茚虫威、噻唑磷、甘蓝夜蛾核型多角体病毒等。

此外，据国家林业局统计，2015年全国林业农药使用量为3.13万吨（商品量），比2014年3.05万吨基本持平。使用量最多的农药品种为灭幼脲和白僵菌，分别为6 311吨和6 230吨；其次是苏云金杆菌，使用量3 624吨；另外还有烟碱·苦参碱的使用量在千吨以上。

二、新产品试验示范推广

为推进农药减量目标的实现，做好病虫防治技术的推广和储备，2015年继续在全国范围内开展新农药新剂型产品的试验示范（表20、表21）。

表20 全国试验示范新农药主要品种

类别	主要品种
杀虫剂	氟啶虫胺腈、乙基多杀菌素、乙基多杀·毒死蜱、乙基多杀·甲氧虫酰肼、噻虫胺·吡蚜酮、双氟·氟氯酯、氯虫·高氯氟、茚虫威
杀菌剂	氟环唑、氟环·多菌灵、春雷·三环唑、硝苯菌酯、丙环·嘧菌酯悬乳剂、精甲·咯菌腈、吡唑·戊唑醇
除草剂	吡嘧·丙草胺、硝磺·精异丙·莠去净、草铵膦、五氟·丁草胺、氨唑草酮
植物生长调节剂	芸薹素内酯、赤霉酸·吲·乙

表21 全国示范推广安全、高效、环保农药主要品种

类 别	主要品种
杀虫剂	阿维菌素、甲氨基阿维菌素、氯虫苯甲酰胺、四氯虫酰胺、甘蓝夜蛾核型多角体病毒、噻虫胺·联苯菊酯、烯啶虫胺·吡蚜酮等
杀菌剂	氰烯菌酯、春雷霉素、烯肟菌胺·戊唑醇、苯甲·嘧菌酯、丁香菌酯、嘧菌酯、丙环唑·苯醚甲环唑、噻呋酰胺等
除草剂	草铵膦、唑啉草酯等
植物生长调节剂	芸薹素内酯、赤霉酸·吲·乙等

三、安全科学用药技术示范推广

一是作物解决方案示范推广。在粮食作物主产省区，继续开展“水稻病虫草害综合解决方案试验示范”“玉米病虫草害防控与增产解决方案”“小麦高产创建植保新技术试验示范”等作物解决方案的示范应用，实现减少施药次数和施药剂量，达到促进农民节本增收的目的。

二是减量用药防控技术示范。在全国15个省范围内实施了芸薹素内酯“减药控害、增产提质”行动，推广面积1 000万亩；分别在江苏、陕西省各建立了水稻、果树病虫害农药减量控害技术万亩示范区，优化农药使用方法，整合和推广成熟的病虫害防控技术，综合利用各种非化学防治手段，形成作物全生育期农药减量控害技术规程，积极推广生物农药和高效低毒、环境友好型农药。

三是安全用药培训活动。先后组织10个省举办了1 086场培训班，参加培训的农民3.47万余人，发送《安全科学使用农药挂图》48 960份、《安全科学使用农药培训手册》10 660份，安全施药防护39 450件，防护面罩41 750个。

四、新型施药机械试验示范推广

积极开展植保机械使用示范及技术培训。在吉林、陕西开展了玉米、果树的大型直升机防治病虫害试验示范，在江苏连云港开展了水稻病虫防治的试验示范，展示了引进的大型高地隙玉米田专用喷杆喷雾机、国产玉米田喷杆喷雾机、有人驾驶直升机、无人植保机等新型机械，以及6种水稻田自走式喷杆喷雾机、14种无人植保机、2种水稻田自走式喷雾机等共20多种水稻田专用植保机械。在20个省份开展企业与用户的联合培训，完成培训1 529期，培训机手11.164万人次。其中，培训专业化防治组织9 740个，家庭农场及种植大户17 937个，农民合作社7 790个，发放《植保机械与施药技术培训指南》5 000册。

2015年，以航空喷雾、地面自走式喷雾机械为主的机械使用量有了较多的增长，尤其是无人机喷雾发展较快。据统计，2015年植保无人机保有量达2 324架，总作业面积达1 152.8万亩次，有人驾驶飞机作业面积4 513.4万亩次。

五、专业化防治组织发展情况

专业化统防统治“百千万行动”中，病虫害防治资金的使用主体进行了调整，

以专业化防治组织和新型农业经营主体为补助对象，申请国家财政资金5.5亿元用于应急防治和统防统治补贴，推动了专业化统防统治工作向纵深快速发展。

2015年全国专业化防治组织达11.3万个，其中在农业部门备案的“五有”规范化组织达3.75万个，从业人员达161.6万人，拥有大中型植保机械180万台（套），日作业能力9 232万亩，专业化统防统治覆盖面积达到6.28亿亩，实施面积14.08亿亩次。

专业化统防统治服务队伍发展呈现新变化。一是农药企业纷纷组建防治服务队伍，延长农化服务链条。据不完全统计，至少已经有20多家农药生产企业组建了自己的防治服务队伍，如广西田园、河南安阳全丰、江苏克胜、江西天人等，服务总面积约2 000万亩，仅湖南省就有13家企业组建了自己的服务队。二是服务方式出现新变化，器械租赁方式得到发展。特别是在无人机施药方面，广西田园、安阳全丰等植保无人机发展得较早的企业，纷纷试水无人机租赁业务，降低了统防统治组织的一次性购机费用，解决机器维护难题。

六、抗药性监测治理及灭鼠工作

2015年，北京、河北、山西、江苏、山东、河南、湖北、湖南、广东、新疆等20个省（自治区、直辖市）的60个抗药性监测点，分别对稻飞虱、二化螟、小麦赤霉病、棉铃虫、棉蚜、小菜蛾等13种重大病虫的抗药性进行了监测，系统测定田间常用农药品种33个，明确了氯虫苯甲酰类杀虫剂对二化螟的高抗药性区域，提出了停止使用噻嗪酮防治白背飞虱的建议，制定了《棉铃虫抗药性

监测技术规程》标准。

2015年全国农田鼠害总体呈中等偏重发生趋势，农区鼠害进入十年一次的种群密度高发期，部分地区已经对农作物造成了严重危害，海南、广东、山西、黑龙江、吉林、青海等多省份部分地区出现了鼠害严重发生危害的情况。据初步统计，2015年全国农田鼠害发生4.32亿亩次，农户发生1.26亿户次，全国农田鼠害防治面积达2.86亿亩次，防治农户1.01亿户，共投放杀鼠剂毒饵3.7万吨，实际挽回田间粮食损失48.42亿千克，挽回农户储粮损失38.21亿千克。

第七章 农药国际贸易

DIQIZHANG NONGYAO GUOJI MAOYI

2015年，我国农药进出口数量和金额均全线下降，主要从亚洲国家进口农药，亚洲、南美洲是我国农药出口主要目标市场。制剂产品在数量上长期占据我国农药进出口的主要地位，在出口金额上仍然以原药为主。我国出口农药品种较为齐全，超过400种。

中国农药发展报告 2015 · 第七章　农药国际贸易

一、贸易总体情况

2015年，我国农药进出口数量和金额均全线下降。2015年我国农药进出口总数量为156.7万吨，进出口总金额为79.6亿美元，分别同比下降了8.3%和16.25%，贸易顺差达66亿美元（表22）。

表22　我国农药进出口总体情况

分类	数量（万吨）		金额（亿美元）	
	2015年	同比（%）	2015年	同比（%）
出口	150.94	-8.06	72.82	-16.87
进口	5.76	-14.21	6.78	-8.88
总计	156.70	-8.30	79.60	-16.25

出口方面，出口数量150.9万吨，金额72.8亿元，分别下降了8.06%和16.87%，这是我国农药出口在持续增长4年以后，首次出现出口数量和金额双下降。进口方面，我国农药进口数量和金额自2011年以来一直保持在4万～7万吨和5亿～7.5亿美元之间，前3年量价增速较快，之后增速放慢。2015年进口农药数量为5.76万吨，金额6.78亿美元，分别比2014年减少14.21%和8.88%，也出现“双降”现象。

二、出口产品情况

分原药制剂看，自2011年以来，我国农药原药和制剂出口比重结构优化日趋明显。从出口数量看，制剂已经占据出口的主要地位，2015年制剂出口量为96.38万吨，继续稳定在百万吨左右的水平，占总出口量的63.85%，比2014年提高了1.5个百分点。从出口金额看，仍然以原药为主，2015年原药出口额42.6亿美元，占总出口额的58.5%，比2014年提高了1.1个百分点（表23）。

表23　2015年农药原药与制剂出口情况

分类	数量（万吨）	同比（%）	占比（%）	金额（亿美元）	同比（%）	占比（%）
原药	54.56	-11.54	36.15	42.6	-15.27	58.50
制剂	96.38	-5.96	63.85	30.22	-19.02	41.50

分类别看，除草剂出口数量多年以来都占总量6成以上，并逐年攀升。2015年再创新高，出口数量达到103.41万吨，占出口总量的68.5%；出口金额达39.57亿美元，全年出口总额的54.3%，5年来稳定在半数以上。杀虫剂和杀菌剂分列出口排行榜第二名和第三名，杀虫剂出口数量30.95万吨，出口金额20.25亿美元，分别占总量的21%和28%。杀菌剂出口数量14.51万吨，出口金额11.51亿美元，约占总量的10%和15%（表24）。

表24　2015年各类别农药出口情况

类　别	数量（万吨）	同比（%）	占比（%）	金额（亿美元）	同比（%）	占比（%）
除草剂	103.41	-5.10	68.50	39.57	-19.98	54.34
杀虫剂	30.95	-19.36	20.51	20.25	-21.34	27.81
杀菌剂	14.51	-2.45	9.61	11.51	4.78	15.80
植物生长调节剂	2.01	6.58	1.32	1.45	5.25	1.99

从品种看，我国出口农药品种较为齐全，超过400种，几乎涵盖了获得农药登记的所有品种，以非专利大宗产品为主。2015年出口规模超

过1亿美元的10个品种，按出口金额排序依次是：草甘膦（含草甘膦异丙胺盐）、百草枯、吡虫啉、烯草酮、毒死蜱、莠去津、麦草畏、阿维菌素、甲磺草胺、百菌清。这10个品种的出口数量和金额合计为86.1万吨和27.7亿美元，约占当年总出口数量和金额的57%和38%。其中，草甘膦独占鳌头，出口数量达到52.6万吨，出口金额为12.7亿美元，高达当年总出口数量和金额的35%和17%（表25）。

表25　2015年农药出口主要品种

有效成分	金额（亿美元）	增长率（%）	占比（%）	数量（万吨）	增长率（%）	占比（%）
草甘膦	12.73	−39.24	17.48	52.64	−14.53	34.87
百草枯	4.43	−15.79	6.09	18.14	22.75	12.02
吡虫啉	2.24	−29.34	3.08	2.17	−7.86	1.43
烯草酮	1.44	47.07	1.98	1.68	52.42	1.11
毒死蜱	1.33	−27.47	1.83	2.72	−24.71	1.80
莠去津	1.20	−30.49	1.65	4.08	−14.95	2.70
麦草畏	1.17	5.55	1.60	0.75	16.51	0.49
阿维菌素	1.09	49.15	1.50	1.04	8.18	0.69
甲磺草胺	1.06	9.46	1.46	0.40	11.98	0.27
百菌清	1.00	19.38	1.37	2.46	13.45	1.63

三、进口产品情况

分原药制剂看，制剂产品长期占据我国农药进口的主要地位。2015

年，原药进口数量和金额分别为0.69万吨和0.99亿美元；制剂进口数量和金额分别为5.07万吨和5.58亿美元，分别占进口总量的88.4%和82.24%。但是同比来看，原药进口的数量和金额均有较大幅的增长，涨幅均超过30%，而制剂进口数量和金额均出现了一定比例的下降（表26）。

表26　2015年农药原药与制剂出口情况

分类	数量（万吨）	同比（%）	占比（%）	金额（亿美元）	同比（%）	占比（%）
原药	0.69	30.19	11.98	1.2	31.87	17.70
制剂	5.07	-18.09	88.02	5.58	-14.55	82.30

分类别看，杀菌剂继续领跑进口农药产品，2015年进口数量和金额分别为2.29万吨和2.93亿美元，均占到总进口数量和金额的4成左右。进口数量方面，除草剂和杀虫剂位列第二三位，分别进口1.93万吨和1.49万吨。但是进口金额方面，杀虫剂进口额2.07亿美元，位列第二，超过除草剂的1.56亿美元（表27）。

表27　2015年各类农药进口情况

农药类别	数量（万吨）	占比（%）	金额（亿美元）	占比（%）
杀菌剂	2.29	39.82	2.93	43.28
杀虫剂	1.49	25.92	2.07	30.58
除草剂	1.93	33.52	1.56	22.97
植物生长调节剂	0.04	0.65	0.21	3.13
杀鼠剂	0.006	0.10	0.003	0.04

分品种看，2015年进口农药品种涉及200多种有效成分。进口金额超过1 000万美元的大宗产品有16个。2015年进口规模超过1 000万美元的前10个品种，按进口金额排序依次是：氯虫苯甲酰胺、五氟磺草胺、草甘膦、代森锰锌、噻虫嗪、苯醚甲环唑、嘧菌酯、戊唑醇、精甲霜灵、肟菌酯。总计进口数量和金额分别为2.64万吨和3.03亿美元，占当年总进口数量和金额的45.83%和44.69%（表28）。

表28　2015年进口主要农药品种

品　种	数量（万吨）	增长率（%）	占比（%）	金额（亿美元）	增长率（%）	占比（%）
氯虫苯甲酰胺	0.07	23.13	1.28	0.58	44.34	8.61
五氟磺草胺	0.29	40.64	5.08	0.58	33.36	8.59
草甘膦	1.16	-32.45	20.12	0.33	-32.13	4.91
代森锰锌	0.67	17.19	11.65	0.32	24.01	4.74
噻虫嗪	0.06	7.41	0.98	0.26	5.03	3.79
苯醚甲环唑	0.11	7.76	1.90	0.24	4.58	3.57
嘧菌酯	0.09	4.95	1.51	0.22	-6.81	3.31
戊唑醇	0.06	20.34	0.99	0.18	-0.33	2.69
精甲霜灵	0.11	-24.02	1.88	0.15	-30.53	2.27
肟菌酯	0.03	-19.89	0.50	0.15	-29.26	2.25

四、贸易对象情况

出口地区方面，亚洲、南美洲是我国农药出口主要目标市场。2015

年我国出口到亚洲和南美洲的农药数量和金额分别为89.7万吨和40.8亿美元，分别占当年总出口量的59.4%和56.0%。从数量看，非洲也是我国农药出口的主要市场之一，但出口金额较低（表29）。

表29 2015年出口各大洲情况

区　域	金额（亿美元）	占比（%）	数量（万吨）	占比（%）
亚洲	23.45	32.19	52.05	34.48
南美洲	17.31	23.77	37.62	24.92
欧洲	10.59	14.55	14.76	9.78
北美洲	9.94	13.66	12.69	8.41
非洲	7.22	9.91	23.36	15.48
大洋洲	4.31	5.92	10.47	6.93

出口国家方面，我国农药出口遍及全球180多个国家和地区，美国、巴西、泰国等20个主要目标市场国家占到我国农药出口的75%。2015年我国出口农药超过1亿美元的国家共22个，合计出口101.1万吨和51.8亿美元，分别占当年出口总量的67.0%和71.1%，按出口金额前10位排序依次为：美国、巴西、澳大利亚、阿根廷、越南、泰国、印度尼西亚、印度、巴基斯坦、以色列。其中，美国和巴西两国遥遥领先，从我国进口农药数量和金额共计分别为23.6万吨和16.0亿美元，占当年出口总量的15.9%和21.9%。我国农药出口的180多个国家和地区中，有20多个国家出口金额增长显著，出口额增长在0.5倍到32倍不等。在出口增速较大的国家中，以欧洲和亚洲国家为主（表30）。

表30　2015年出口金额超过1亿美元国家

排名	国　家	金额（亿美元）	占比（%）	数量（万吨）	占比（%）	大　洲
1	美国	9.78	13.42	12.33	8.17	北美洲
2	巴西	6.18	8.48	11.23	7.44	南美洲
3	澳大利亚	3.95	5.42	9.76	6.47	大洋洲
4	阿根廷	3.09	4.24	6.48	4.29	南美洲
5	越南	2.99	4.10	7.67	5.08	亚洲
6	泰国	2.59	3.56	9.93	6.58	亚洲
7	印度尼西亚	2.47	3.40	6.62	4.39	亚洲
8	印度	2.42	3.33	2.18	1.44	亚洲
9	巴基斯坦	1.87	2.56	2.85	1.89	亚洲
10	以色列	1.64	2.25	1.69	1.12	亚洲
11	俄罗斯	1.63	2.25	3.13	2.08	欧洲
12	尼日利亚	1.62	2.23	6.48	4.29	非洲
13	哥伦比亚	1.39	1.91	2.94	1.94	南美洲
14	南非	1.32	1.81	2.45	1.62	非洲
15	日本	1.23	1.69	2.84	1.88	亚洲
16	法国	1.16	1.59	0.68	0.45	欧洲
17	土耳其	1.14	1.56	1.78	1.18	亚洲
18	比利时	1.11	1.52	1.78	1.18	欧洲

（续）

排名	国　家	金额（亿美元）	占比（%）	数量（万吨）	占比（%）	大　洲
19	新加坡	1.08	1.49	1.12	0.74	亚洲
20	墨西哥	1.07	1.47	2.80	1.85	北美洲
21	乌拉圭	1.06	1.46	2.29	1.52	南美洲
22	巴拉圭	1.01	1.39	2.02	1.34	南美洲

进口方面，我国主要从亚洲进口农药，进口数量和金额分别为3.88万吨和3.47亿美元，均占总进口的一半以上。其次为欧洲，进口数量和金额分别为1.07万吨和1.71亿美元。此外，从北美洲进口的农药产品仅0.43万吨，金额却达到了1.21亿美元。分国家看，美国为我国农药产品主要进口国，其次为印度、德国、韩国、印度尼西亚、法国、日本、新加坡、马来西亚等国。

F 附 录

FULU

梳理了2015年农药领域的重大事件以及国际农药管理动态，像新《食品安全法》发布实施、农药登记集中评审正式启动、农业部印发《到2020年农药使用量零增长行动方案》《国际农药管理行为守则》等指导政策频频出台，农药管理必将日趋严格。

中国农药发展报告 2015 · 附录

一、2015年农药领域重大事件

（一）农药使用量零增长行动启动

2015年1月7日，农业部在新闻发布会上提出，到2020年，我国农业要实现“一控两减三基本”，其中“两减”之一便是减少农药施用总量。1月28日，农业部召开常务会议，审议并原则通过《农药使用量零增长行动方案》。2月，农业部印发《到2020年农药使用量零增长行动方案》，提出到2020年实现主要农作物农药利用率达到40%以上，比2013年提高5个百分点，力争实现农药使用量零增长。10月，农业部农药检定所联合国内8家知名农药企业共同发起的“农药使用量零增长战略实施研究与应用”课题顺利开题，该课题旨在为“农药零增长”行动推进提供路径和政策建议。

（二）新《食品安全法》发布实施

修订后的《中华人民共和国食品安全法》于2015年10月1日起施行。新《食品安全法》明确，国家鼓励和支持使用高效低毒低残留农药，推动剧毒、高毒农药替代产品的研发和应用，加快淘汰剧毒、高毒农药。同时增加规定，剧毒、高毒农药不得用于蔬菜、瓜果、茶叶和中草药材。

为加强高毒农药的管理，保障农产品的质量安全，农业部已开展高毒农药定点经营试点，结合《农药管理条例》修订，制定完善配套规章，所有农药产品实行电子信息(条码)标识，农药经营实行计算机管理，高毒农药实行定点经营、专柜销售、实名购买、电子台账和可追溯管理。

（三）农业部对杀扑磷等采取禁限用措施

为保障农产品质量安全和生态环境安全，农业部在科学开展风险评估、充分听取行业意见的基础上，决定对杀扑磷、溴甲烷、氯化苦等3种农药采取禁限用措施。2015年8月22日，农业部发布第2289号公告，决定自2015年10月1日起，撤销杀扑磷在柑橘树上的登记，禁止杀扑磷在柑橘树上使用；自2015年10月1日起，将溴甲烷、氯化苦的登记使用范围和施用方法变更为土壤熏蒸，撤销除土壤熏蒸外的其他登记，溴甲烷、氯化苦应在专业技术人员指导下使用。

（四）CCPR第47届年会在京召开

4月13日，国际食品法典农药残留委员会（CCPR）第四十七届年会在北京隆重开幕，农业部副部长余欣荣出席开幕式并致辞。国际食品法典农药残留委员会是联合国粮农组织和世界卫生组织共同组建的食品安全国际标准机构——国际食品法典委员会（CAC）的下属专业委员会，主要职责是制定食品和饲料中农药最大残留限量国际标准。本次会议是中国当选CCPR主席国以来举办的第9届大会。会议设13项议题，审议食品和饲料中500余项最大残留限量标准，讨论特色作物中农药最大残留限量制定指南，修订食品和动物饲料分类，制定农药优先评估列表。来自55个国家和地区，10个国际组织、政府间组织、国际非政府组织等282名代表参加会议。

（五）农药登记集中评审正式启动

农药登记集中评审试点于6月1日开始，8月31日结束。农业部农药检定所在总结试运行的基础上，决定自2015年9月1日起对农药登记申请正式实行集中评审。凡属境外企业农药登记田间试验及境内企业新农药田间试验、临时登记和正式登记等申请，都纳入集中评审范畴。集中评审后，原则上每月公示1次和上报1次拟批准登记产品。为提高评审质量，确保公平、公正，农业部农药检定所将按照不同登记申请类别和受理时间顺序进行评审、公示和上报。

（六）中美农药GLP合作意向书延续

根据中美签署的《农药良好实验室规范合作意向书》，2015年中美GLP合作取得重要进展。5月4～12日，农业部派代表团赴美国访问了EPA GLP执行和遵从保证办公室，对美国的GLP管理体系、法规、检查员培训与管理、监督检查程序等进行了审查评估，就目前两国GLP匹配中存在的问题以及下一步强化两国GLP合作与交流、实现农药登记评审数据互认等事宜进行了深入讨论。此后，美国EPA检查员和专家来华，开展GLP检查员残留田间观摩检查，协助举办农药残留田间GLP培训班，为中美农药GLP登记数据互认奠定良好基础。中美GLP合作意向书成功延续，力争利用2～3年的时间实现中美农药登记数据互认。

（七）草莓“农残超标致癌”风波

2015年4月26日，中央电视台财经频道在“是真的吗”节目中，公布了在北京新发地农产品批发市场、美廉美超市、昌平采摘园以及路边的草莓摊随机购买的8份草莓样品的检测结果：全部样品都检出百菌清和乙草胺两种农药，前者检出值在国家标准范围内，后者在我国不允许使用于草莓种植中，属b-2类致癌物。消息一出，有关草莓含致癌农残的消息迅速传播开来。

《农民日报》在第一时间求证报道，北京市抽取175个样本均未检出乙草胺，并从“用了乙草胺，草莓苗也会被除掉”等多个方面论证草莓上检出乙草胺超标不可信。随后《人民日报》也刊文表示“吃草莓致癌”不靠谱。虽然“草莓乙草胺残留超标”一说后被权威检测结果和业内专家否定，但消费者恐慌难消，多地草莓受“乙草胺风波”影响销售，多个主产区草莓滞销，种植户损失严重。

（八）陶氏化学和杜邦合并

2015年12月11日，有着116年历史的陶氏化学公司与有着213年历史的杜邦宣布合并，两家公司命名为“陶氏杜邦”(DowDuPont)，并由陶氏化学和杜邦各持有新公司50%的股份。合并后的公司未来将寻求分拆为3家独立的上市公司，分别专注于农业、材料和特种产品。陶氏化学与杜邦合并后市值约1 300亿美元，成为继德国巴斯夫之后，全球排名第二的化工行业巨头，并超越孟山都成为全球最大的种子和农药公司。合并后“陶氏杜邦”将控制全球17%的杀虫剂市场，仅次于先正达和拜耳。就农业领域，两家公司的产品重叠率并不高，所以二者合并将是一种产品的补充，科研实力的提升。

（九）全球农药企业业绩近年来首次下滑

受全球经济低迷、农产品价格、汇率的不利影响等，全球六大领先农药公司2015年美元计农药销售额全线走低，这是连续4年的增长后首次出现下滑。除孟山都公司外，其他5家跨国公司的农药销售额更是创下了两位数的跌幅。我国农药市场整体也呈现“小年”特征，行业增长不及预期。受经济形势低迷、生产成本提升、环保压力加大、市场需求疲弱等多重因素影响，农药市场总体呈现低位运行的态势，不少大宗农药产品如草甘膦、百草枯价格下滑。虽然也有少数企业实现逆势增长，但总体看，农药企业已经进入微利期、保本期。

（十）农资电商持续升温

2015年，传统农资生产企业、传统流通企业、电商平台公司等纷纷布局农资电商，堪称我国“农资电商元年”。4月，诺普信“田田圈”在栖霞10天开了97家加盟店,10天销售额达2 820万元，引起了农资行业的轰动。11月22～24日，堪称农资行业最受关注的、持续了48小时的农资促销活动——农一网第二届农资电商光棍节结束创下了1 347万元的总交易额。此外，阿里巴巴决定将拿出100亿元打通农村淘宝最后一公里，全面进军农村市场，以金正大为首的多家企业发起成立电商平台——农商1号，“京东农资频道”正式上线，农资电商在2015年取得了快速的发展。

二、2015年国际农药管理动态

（一）巴塞尔公约、鹿特丹公约、斯德哥尔摩公约2015年缔约方大会在日内瓦召开

巴塞尔公约第12次缔约方大会、鹿特丹公约第7次缔约方大会、斯德哥尔摩公约第7次缔约方大会于2015年5月4～15日在瑞士日内瓦召开，来自164个国家、14个国际机构和政府间组织及105个非政府组织的1 200多名代表出席了会议。

本次大会是三公约第2次共同召开的缔约方大会，会议的主题是“从科学到行动——为了更加安全的明天而工作”。大会就各公约履约进展情况、新增列物质、遵约机制、三公约合作与协调等议题进行深入讨论。遵约机制方面，鹿特丹公约着重讨论遵约机制的约束力和性质（惩戒与否）、决策方式（协商一致或投票表决）以及第三方启动（建立遵约委员会）；斯德哥尔摩公约因涉及资金等敏感问题则更为复杂。新增受控物质方面，斯德哥尔摩公约下，会议决定将氯化萘列入附件A和附件C，有特定豁免；将六氯丁二烯列入附件A，无豁免；将五氯苯酚及其盐类和酯类列入附件A，有特定豁免；鹿特丹公约下，将甲胺磷列入附件C。技术援助方面，会议决定特别考虑新增受控物质所带来的技术援助要求，尤其是在清单制定、持久性有机污染物（POPs）监测以及替代品和替代技术等方面的要求。会议还审议了巴塞尔公约下的技术事项，通过了巴塞尔公约下的“卡塔赫纳宣言”路线图，正式启动了公约框架下废物源头预防和减量的进程，以及巴塞尔公约不限成员名额工作组运行模式改革备选方案等。

（二）斯德哥尔摩公约和鹿特丹公约化学品审查委员会第十一次会议在罗马举办

《斯德哥尔摩公约》持久性有机污染物审查委员会（POPRC）第11次会议和《鹿特丹公约》化学品审查委员会（CRC）第十一次会议分别于2015年10月19～23日和25～28日在意大利罗马召开，包括POPRC成员、CRC成员，以及来自不同国家和地区的观察员和非政府组织代表等超过100位人员参加会议。

POPRC第十一次会议主要审议四类物质相关提案，包括：商用十溴二苯醚的风险管理评价草案（即附件F审查）、三氯杀螨醇的风险简介草案（即附件E审查）、短链氯化石蜡（SCCPs）的风险简介草案（即附件E审查）和全氟辛酸（PFOA）及其盐类和PFOA相关化合物基本信息和POPs特性（即附件D审查）。经过讨论，商用十溴二苯醚附件F审查、短链氯化石蜡附件E审查和全氟辛酸及其盐类和PFOA相关化合物附件D审查均得到通过，会议分别成立了相应的特设工作组为下一步审查起草工作文件。三氯杀螨醇的附件E审查遭到印度委员的强烈反对，会议最终决定成立特设工作组更新三氯杀螨醇的风险管理评价报告，供下次会议进行附件E审查。

CRC第十一次会议审议了克百威、丁硫克百威、莠去津三个农药品种和乐果400克/升乳油列入附件2或附件4的提案。最终，会议认定克百威和丁硫克百威符合公约附件2的标准，决定成立闭会期间工作组，对这两种农药品种编制决定指导文件（DGD），并将提交缔约方第8次会议审议，建议将其列入公约附件3。由于对莠去津的风险评估报告存在争议，会议未达成一致意见，决定下次会议继续讨论。会议认为关于乐果400克/升乳油的最后管制行动通知不符合公约附件4的标准，决定暂不采取进一步行动。

（三）国际农药管理行为守则亚太地区研讨会在加德满都举办

2015年1月26～31日，联合国粮农组织《国际农药管理行为守则》亚太地区研讨会在尼泊尔首都加德满都召开。会议全面介绍了新版《国际农药管理行为守则》及相关辅助性技术准则，针对加强地区合作与交流，提高农药的全程管理能力，履行公约责任和义务、打击非法贸易等议题进行了广泛而深入的研讨。

《行为守则》最初由粮农组织于1985年制定，其现行版本通过粮农组织/世卫组织在农药管理方面的共同合作制定，经粮农组织大会第三十八届会议（2013年6月）批准。该版本整合了卫生用农药和病媒控制，使《行为守则》的范围超出了农药；更加关注农药的健康和环境问题，对一些定义和术语做了更新，使多个技术领域的指导意见与国际化学品管理相结合。由于关系到公众健康，《行为守则》现在着重关注风险减少，要求各国查明并在必要时停用高毒农药；关注儿童、妇女等脆弱群体，强调尽量减少农药的使用，强烈建议进行综合病媒管理来防治其传播疾病。《行为守则》将在国家法律范围内使用，起到一个指导框架的作用，旨在增强发展中成员国对于在其领土上交易和使用的农药进行管理、评价、有效控制的能力，包括在公共卫生方面所使用的农药。

（四）FAO/WHO农药标准联席会议（JMPS）在雅典召开

6月10～13日，第十四届FAO/WHO农药标准联席会议（JMPS）在希腊雅典召开，来自德国、法国、英国、比利时、中国等10个国家的10多名专家对24家公司提交的34个农药产品标准进行了审定，其中包括9家中国公司提交的10个产品标准。

会议还重点讨论了《FAO/WHO农药产品标准制定与使用手册》第三版修订事宜。拟修订的内容主要包括：①纳入2010—2015年年度闭门会议对手册进行修订的所有内容；②细化第9章微生物农药的标准指南；③对长效蚊帐的标准制定指南进行进一步修订，增加可燃性、织物重量和拉伸强度三项指标；④增加5种新剂型的标准制定指南，包括长效贮存袋（LB，Long lasting Storage Bag）、直接使用胶剂（GD，Gel for Direction application）、片剂类（DT直接使用片剂、ST可溶片剂、WT可分散片剂）；⑤细化对生产工艺的资料要求；⑥对相关附录进行更新，如增加资料要求列表，更新剂型代码等。

截至2015年12月，FAO/WHO现有农药产品标准（以有效成分计）共284个，其中按照新程序制定的FAO及FAO/WHO联合标准113个，单独的WHO标准25个（包括7个长残效蚊帐标准）；按照老程序制定的标准146个，包括137个FAO标准和9个WHO标准。

（五）FAO/WHO农药残留联席会议（JMPR）在日内瓦举行

2015年9月15～24日，2015年WHO/FAO农药残留联席会议（JMPR）年会在瑞士日内瓦WHO总部召开，来自中国、美国、英国、加拿大、澳大利亚等18个国家的40多名专家参加了会议。会议评审了29种农药的残留和毒理学资料。其中，首次评审了乙草胺、氰霜唑、氟啶虫酰胺、精吡氟禾草灵、flupyradifurone、丙炔氟草胺、虱螨脲、二氯喹啉酸等8种新农药，周期性再评审了阿维菌素、乙烯利、戊菌唑、林丹4种农药，评审了啶虫脒、联苯菊酯、百菌清、溴氰虫酰胺、嘧菌环胺、氯氟氰菊酯、苯醚甲环唑、氟吡菌酰胺、粉唑醇、氟唑菌酰胺、甲咪唑烟酸、咪唑烟酸、吡虫啉、嘧霉胺、螺虫乙酯、戊唑醇、肟菌酯等17种农药新残留资料。会议研究了噻嗪酮、甲氰菊酯、甲氧咪草烟、杀扑磷、丙环唑等5种农药CCPR成员国的关注意见，评审了调味料的农药残留限量标准和饮用水质量标准中灭草松和敌敌畏2种限量。会议研究了国际癌症研究所（IARC）开展的二嗪磷、草甘膦和马拉硫磷等3种农药致癌性评价问题。

会议推荐制（修）订415项农药残留限量标准，取消80项限量标准，新定或修改农药每日允许摄入量/急性参考剂量（ADI/ARfD）22项，做出了修订短期膳食暴露计算公式、中短期暴露评估、更新评审手册、加快动物饲料残留限量标准制定等多项工作建议。会议还讨论了2个农药饮用水安全标准，拟定了开展二嗪磷、草甘膦和马拉硫磷的毒理学周期性再评价的工作计划。

（六）国际食品法典委员会通过系列食品法典新标准

2015年，国际食品法典农药残留委员会（CCPR）第四十七届年会审议，并在同年7月的国际食品法典委员会大会上通过了351项国际食品法典新标准，废除80项老的国际食品法典标准，终止制定6项国际食品法典标准。法典农残标准制修订呈现3大明显特点：一是专利期内新农药的标准制定速度快；二是标准涵盖的食品种类更加为全面；三是更多关注动物产品和特色小宗作物上标准制定。

截至2015年底，国际食品法典农药残留限量标准达到4 611项，涉及208种农药、347种食品及动物饲料产品，较2014年增加了9种农药271项限量标准。

此外，国际食品法典委员会制定了《促进小宗作物农药最大残留限量标准制定指南》，对小宗作物定义指标、确定小宗作物分级方法、制定限量标准所需试验数量、全球残留试验数据应用、比例类推和作物组外推等方面都提出了明确指导意见，并制定了全球范围内小宗作物种类清单，对加快全球小宗作物农药残留标准制定和登记将起到重要指导作用。同时国际食品法典委员会在《食品和动物饲料分类》的修订工作取得进一步更新和优化，就瓜类蔬菜、豆类蔬菜、干豆类作物等3个作物组分类达成了共识。《农药残留分析方法的性能评估标准指导原则》制定工作推进顺利。

图书在版编目（CIP）数据

中国农药发展报告.2015 / 农业部种植业管理司，农业部农药检定所编. — 北京：中国农业出版社，2016.12

ISBN 978-7-109-22408-7

Ⅰ.①中… Ⅱ.①农… ②农… Ⅲ.①农药工业－产业发展－研究报告－中国－2015 Ⅳ.①F426.76

中国版本图书馆CIP数据核字（2016）第278370号

中国农业出版社出版
（北京市朝阳区麦子店街18号楼）
（邮政编码 100125）
责任编辑 李文宾 王 凯

北京缤索印刷有限公司印刷 新华书店北京发行所发行
2016年12月第1版 2016年12月北京第1次印刷

开本：889mm×1194mm 1/16 印张：5.5
字数：60千字
定价：50.00元